2/3 Février 1910

VENTE

Des Mercredi 2 et Jeudi 3 Février 1910

HOTEL DROUOT, SALLE N° 6

A DEUX HEURES

marqué P

EXPOSITION PUBLIQUE

Le Mardi 1er Février 1910

De 2 heures à 6 heures

Meubles et Objets d'Art

TABLEAUX, AQUARELLES, DESSINS ANCIENS ET MODERNES

OBJETS DE VITRINE, ORFÈVRERIE

BOITES, MINIATURES, ÉVENTAILS

Faïences, Porcelaines anciennes

TAPISSERIES, ETOFFES ANCIENNES

OBJETS VARIÉS

COMMISSAIRE-PRISEUR

Me F. LAIR-DUBREUIL

EXPERTS

MM. PAULME & B. LASQUIN Fils

CATALOGUE

DES

Meubles et Objets d'Art

ANCIENS ET DE STYLE

TABLEAUX, DESSINS, AQUARELLES ANCIENS ET MODERNES

PAR

BELLET DU POIRET, E. DESHAYES, DARROUX, DEGAND, DE GHÉQUIER, TH. FRÈRE, LEPOITEVIN, LAIRESSE, P. VAN LOO, LONGHI, MARTIN, TRINQUESSE, TROUILLEBERT,
ET DES ÉCOLES
ANGLAISE, FRANÇAISE, HOLLANDAISE ET ITALIENNE DES XVIIe ET XVIIIe SIÈCLES

OBJETS DE VITRINE — ORFÈVRERIE

Boites en or et porcelaine, Miniatures, Éventails, Matière dure

BRONZES D'ART ET D'AMEUBLEMENT

PENDULES, LUSTRE, APPLIQUES, SURTOUT DE TABLE

FAIENCES ET PORCELAINES ANCIENNES

De Rouen, Kutaieh, Delft, Saxe, Sèvres, etc.

OBJETS VARIÉS, SCULPTURES, MARBRE, TERRES CUITES

Tapisseries et Étoffes Anciennes

TAPIS

Dont la Vente aux enchères publiques aura lieu

HOTEL DROUOT, SALLE N° 6

Les Mercredi 2 et Jeudi 3 Février 1910

A DEUX HEURES

COMMISSAIRE-PRISEUR	EXPERTS
Me F. LAIR-DUBREUIL	**MM. PAULME & B. LASQUIN Fils**
6 rue Favart	10, rue Chauchat | 11, r. Grange-Batelière

Chez lesquels se trouve le présent Catalogue

EXPOSITION PUBLIQUE

Le Mardi 1er Février 1910, Salle N° 6, de 2 heures à 6 heures

CONDITIONS DE LA VENTE

Elle sera faite au comptant.

Les adjudicataires paieront *dix pour cent* en sus des enchères.

L'exposition mettant le public à même de se rendre compte de l'état et de la nature des objets, aucune réclamation ne sera admise une fois l'adjudication prononcée.

Paris — Imp. de l'Art, CH. BERGER, 41, rue de la Victoire.

DÉSIGNATION

TABLEAUX, DESSINS

GRAVURES, GOUACHES, AQUARELLES

1 — Une gravure : Course de taureau, et deux photographies.

2 — Deux gravures faisant pendants : Henri IV et Louis XVIII.

3 — Gravure, d'après COCHIN : Portrait de Caffieri, sculpteur du Roy.

4 — Quatre petites gravures, d'après CALLOT, dans un cadre.

BELLET DU POIRET

5 — *Jeune Femme lisant.*

Pastel. Signé.

BOUCHER (École de)

6 — *Femme nue debout.*

Dessin au crayon noir et blanc.

BOUCHER (École de)

7 — *Femme nue assise.*

Dessin au crayon noir et blanc.

DESHAYES (Eugène)

8 — *Falaises et habitations de pêcheurs sur pilotis.*

Aquarelle gouachée. Signée.

DARROUX (1880)

9 — *Le Peintre à son chevalet.*

Carton. Signé et daté.

DARROUX (V.)

10 — *Jeune Femme peignant.*

Toile. Signée.

DEGAND (E.) (1859)

11 — *Arabes.*

Toile. Signée et datée.

DROUAIS (D'après)

12 — *Portrait de Mme la duchesse de Polignac.*

Panneau.

GHÉQUIER (A. de)

13 — *Gerbe de fleurs.*

Panneau.

FRÈRE (Th.)

14 — *Vue d'une oasis.*

Panneau. Signé.

FRÈRE (Théodore)

15 — *Bazar arabe.*

Toile.

LAIRESSE

16 — *Vénus et les amours.*

Grande toile décorative.

LEPOITEVIN

17 — *Etude sous bois.*

Toile.

LONGHI (Attribué à Pietro)

18 — *Carnaval. Composition en forme d'éventail.*

Peinture sur toile.

LOO (P.-V.)

19 — *Vase de fleurs et fruits.*

Dessin aquarellé. Signé.

LUNA (Ch. de)

20 — *Calèche à quatre chevaux et postillons dans un paysage.*

Toile.

MARTIN

21 — *Paysage, avec barque et personnage.*

Grand dessin à la plume, rehaussé de gouache.

MARTIN

22 — *Vue d'un parc avec ruines.*

Grand dessin à la plume, rehaussé de gouache. Signé.

PRÉVOST (D'après GOYA)

23 — *Deux couples d'Espagnols au spectacle.*

RAVARIN

24 — *Paysage avec rivière et lavandières.*

Toile signée.

TRINQUESSE

25 — *Portrait de Femme assise.*

Dessin à la sanguine.

TRINQUESSE

26 — *Femme assise sur un divan.*

Dessin à la sanguine.

TRAYER (1869)

27 — *Jeune Femme lisant et fillette dans un bois.*

Toile. Signée et datée.

TROUILLEBERT (P.-D.)

28 — *Ferme à Challes, près Chambéry (Savoie).*

Toile. Haut., 36 cent.; larg., 32 cent. 1/2.

ÉCOLE MODERNE

29 — *Vue d'un port.*

Aquarelle.

ÉCOLE MODERNE

30 — *Lisière de forêt avec animaux.*

Toile.

ÉCOLE ANGLAISE

31 — *Portrait de Femme assise.*

Grande miniature rectangulaire sur ivoire.
Cadre en bronze doré.

ÉCOLE ANGLAISE

32 — *Scène de Falstaff.*

Peinture sur toile.

ÉCOLE HOLLANDAISE

33 — *Bord de rivière, avec habitations et personnage.*

Panneau.

ÉCOLE FRANÇAISE

34 — *Sujet galant dans un parc.*

Dessin à la sanguine.

ÉCOLE FRANÇAISE

35 — *Jupiter et Vénus. — Vénus et l'Amour.*

Deux peintures sur toile.
Cadres en bois sculpté.

ÉCOLE FRANÇAISE

36 — *Portrait d'Homme coiffé d'un feutre.*

Dessin au crayon.

ÉCOLE FRANÇAISE (XVIIe siècle)

37 — *Portrait d'Homme à grande perruque.*

ÉCOLE FRANÇAISE (XVIIe siècle)

38 — *L'Assomption.*

Toile.

ÉCOLE FRANÇAISE (xviie siècle)

39 — *Anne d'Autriche, Marie-Thérèse et le Grand Dauphin.*

Grande miniature ronde sur vélin.
Cadre en cuivre doré.

ÉCOLE FRANÇAISE (xviie siècle)

40 — *Fleurs et fruits.*

Toile.
Cadre en bois sculpté et doré.

ÉCOLE FRANÇAISE (xviiie siècle)

41 — *Paysages avec pastorales.*

Deux gouaches rectangulaires, faisant pendants.

ÉCOLE FRANÇAISE (xviiie siècle)

42 — *Trois amours respirant le parfum des fleurs.*

Toile.
Cadre ancien en bois sculpté et doré

ÉCOLE FRANÇAISE (xviiie siècle)

43 — *Scène de patinage.*

Toile.

ÉCOLE FRANÇAISE (Fin du xviiie siècle)

44 — *Portrait d'Homme assis, le bras accoudé sur une table.*

Toile.

ÉCOLE FRANÇAISE (xviiie siècle)

45 — *Portrait d'Homme en cuirasse.*

Toile

ÉCOLE FRANÇAISE (XVIIIe siècle)

46 — *Portrait de Jeune Femme coiffée d'un turban blanc et tenant un parchemin.*

Toile.

ÉCOLE FRANÇAISE (XVIIIe siècle)

47 — *Portrait d'Homme tenant une lettre à la main,*

Cadre en bois sculpté.

ÉCOLE FRANÇAISE (XVIIIe siècle)

48 — *Plan du parc de Bagatelle, avec petite rivière et pont, en 1785.*

Dessin aquarellé.

ÉCOLE FRANÇAISE (XVIIIe siècle)

49 — *Portrait d'Homme.*

Pastel.

ÉCOLE HOLLANDAISE (XVIIe siècle)

50 — *Le Jugement de Pâris.*

Miniature gouachée sur vélin.

ÉCOLE MODERNE

51 — *Ronde de nymphes au bord d'un étang.*

Toile.

OBJETS DE VITRINES

ÉVENTAILS, BOITES, ORFÈVRERIE

MATIÈRES DURES

52 — Éventail, avec feuille en soie pailletée et peinte à la gouache d'un sujet en réserve : la Diseuse de bonne aventure. Monture en ivoire sculpté et ajouré, posé d'or ; motif à personnages. Époque Louis XVI.

53 — Éventail, avec feuille en parchemin peinte à la gouache d'un paysage maritime, avec terrasse à balustres et groupes galants. Monture en ivoire découpé et peint. Époque Louis XVI.

54 — Éventail, avec feuille en parchemin peinte à la gouache : Paysage avec groupe galant et jeux d'enfants. Monture en ivoire peint et posé d'or. Style Louis XVI.

55 — Grand éventail, avec feuille en parchemin peinte à la gouache : Jeux d'amours. Riche monture en nacre découpée, posée d'or et peinte au vernis. XVIIIe siècle.

56 — Éventail, avec feuille en parchemin peinte à la gouache d'un sujet allégorique. Monture en écaille brune piquée d'or. XVIIIe siècle.

57 — Petit éventail en ivoire ajouré, peint au vernis, décoré d'un sujet en réserve : Paysage avec personnages. XVIIIe siécle.

58 — Petit éventail en ivoire ajouré, peint au vernis d'un sujet central en réserve : Concert champêtre. XVIIIe siècle.

59 — Eventail, avec feuille en soie pailletée, décorée de quatre réserves en forme de losanges peintes à la gouache : Jeunes femmes et amours. Petite monture en nacre posée d'or. Époque Louis XVI.

60 — Petit éventail en ivoire ajouré et peint au vernis, décoré d'un sujet central : Jeunes femmes couronnant un jeune homme. Sur fond de carrelage avec fleurs de myosotis. XVIIIe siècle.

61 — Petit éventail en ivoire peint au vernis d'un sujet central : Renaud et Armide. Encadrement de rinceaux ajourés. XVIIIe siècle.

62 — Éventail, avec feuille peinte à la gouache : Sujet représentant le Sacrifice d'Abraham. Monture en ivoire, posé d'or. Époque Louis XVI.

63 — Éventail, avec feuille en parchemin peinte à la gouache ; sujet : Allégorie de l'amour. Monture en ivoire découpé, posé d'ors de couleurs, vases et attributs. Époque Louis XVI.

64 — Petit éventail, avec feuille en parchemin peinte à la gouache d'un sujet : Jeune couple dans un char traîné par deux enfants, encadrement de guirlandes de fleurs. Monture en ivoire très finement découpé et peint. Époque Louis XVI.

65 — Éventail, avec feuille en soie peinte à la gouache : Sujet galant à nombreux personnages dans un parc et à deux réserves fond carmin, avec attributs en grisaille, encadrement de paillettes d'or. Monture en ivoire découpé à jour et posé d'or. Époque Louis XVI.

66 — Boîte, de forme rectangulaire, à angles arrondis, avec cailloux du Rhin, en or ciselé et guilloché ; le couvercle à charnière est orné d'un petit émail bleu ovale, avec la lettre N couronnée et pavée de pierres.

67 — Boîte, de forme analogue à la précédente, en ors de couleurs ciselés, à rinceaux de feuillages et fleurs sur fond amati ; couvercle à charnière orné d'une miniature ovale : Portrait de l'Impératrice Joséphine. Signée : *Makere* (?). Époque Empire.

68 — Miniature ovale en largeur : Portrait de Mlle Laroche en jardinière, portant un panier de fruits. Attribué à *Rosalba*.

69 — Miniature ovale en largeur : Portrait de la marquise de Buffault, en robe blanche, parée de perles.

70 — Boite, de forme rectangulaire, angles coupés, en or ciselé et guilloché ; bordure à rinceaux de feuillages ; couvercle à charnière orné d'une rosace en pierres de couleurs. Commencement du XIXe siècle.

71 — Boite, de forme rectangulaire, à angles arrondis, en or ciselé de rinceaux émaillés bleu sur fond amati ; le couvercle, ouvrant à charnière dans le sens de la largeur, est orné d'une miniature : Portrait de femme brune. Commencement du XIXe siècle.

72 — Boite, de forme ovale, en or ciselé à rinceaux de feuillage sur fond amati ; le couvercle à charnière est orné d'une miniature peinte sur émail de forme octogonale : Corbeille de fleurs sur fond rose. Commencement du XIXe siècle.

73 — Tabatière rectangulaire en écaille brune, intérieur doublé d'or ; couvercle à charnière orné d'une miniature ovale : Portrait d'homme, par *Thomas Englard*. XVIIIe siècle.

74 — Tabatière, de forme ovale, en écaille brune, monture en or ; couvercle à charnière orné d'une miniature ovale : Portrait de jeune femme en robe blanche, par *Hollier*. Commencement du XIXe siècle.

75 — Tabatière, de forme oblongue, en ors de couleurs ciselés ; le couvercle à charnière orné

d'un bouquet de fleurs dans un encadrement d'émail bleu à rinceaux. Commencement du XIXe siècle.

76 — Boite rectangulaire, à angles arrondis, en or ciselé, avec rinceaux et filets d'émail bleu ; couvercle à charnière orné d'un émail peint : Sujet représentant la Sainte Famille. Commencement du XIXe siècle.

77 — Grande boite ronde en or partiellement émaillé de rinceaux blancs, oves fond gros bleu et filets bleus lavande ; couvercle orné d'une miniature : Portrait de jeune femme, corsage et fichu blanc Commencement du XIXe siècle.

78 — Boite ronde en or ciselé guilloché, bordure à rinceaux de feuillages. Commencement du XIXe siècle.

79 — Autre boite ronde plus petite en or ciselé, à bordure de rinceaux de feuillages sur fond amati.

80 — Boite rectangulaire, à angles arrondis, en ors de couleurs ciselés à rinceaux et vase de fleurs sur fond amati ; dessous et côtés guillochés. Commencement du XIXe siècle.

81 — Grande boite plate, de forme rectangulaire, à angles arrondis en ors de couleurs ciselés ; couvercle à charnière orné d'un paysage avec troupeaux en mosaïque de Rome. Commencement du XIXe siècle.

82 — Boite rectangulaire, à angles arrondis, en or émaillé en couleurs, décor de réserves de fleurs sur les côtés, paysages maritimes sur le dessous et dessus du couvercle sur fond bleu lavande. Ouvre à charnière. Commencement du XIXe siècle.

83 — Boite ovale en or ciselé à rinceaux de feuillages sur fond amati; le couvercle ouvre à charnière, est orné d'un camée tête d'homme, signé: *Girometti*; le dessous en émail, avec paysage maritime dans un encadrement vert d'eau et fond rose. Commencement du XIXe siècle.

84 — Très petite boite ronde à parfums en or ciselé, le dessus orné d'un paon, le côté du couvercle partiellement émaillé. Commencement du XIXe siècle.

85 — Très petite boite, de forme ovale, en or; le couvercle à charnière est émaillé, orné d'un sujet: Jeune fille en robe blanche, couchée sur une étoffe rouge fond de paysage. Bordure bleue et de demi-perle.

86 — Cadre à miniature, de forme rectangulaire, en or et argent pavé de roses. Époque Louis XVI.

87 — Boite ronde en écaille brune cerclée d'or; le couvercle, orné d'un sujet familial, d'après *J.B. Greuze*, peint et fixé sous verre. Époque Louis XVI.

88 — Petite breloque à musique en or ciselé et partiellement émaillé, avec pierres de couleurs. Fin du XVIIe siècle.

89 — Autre breloque en or ciselé et ajouré, gland de chêne et têtes de béliers. Époque Louis XVI.

90 — Montre en or ciselé, ornée d'un sujet pastoral sur fond rayonnant à rocailles, avec châtelaine et cachet forme cage également en or. Époque Louis XVI.

91 — Montre en ors de couleurs ciselés, ornée d'un sujet galant. Cadran signé : *Jrke Varin*. Époque Louis XVI.

92 — Petite montre en or émaillé bleu et petit médaillon ovale avec portrait de femme. Encadrement de petites roses. Cadran signé : *L'Épine*. Époque Louis XVI.

93 — Tabatière, en forme de coquille, en porcelaine de Saxe, décor sujet Watteau, encadré d'une bordure à imbrications fond rose, étoilé d'or. Monture en or.

94 — Petite boite, forme de corbeille, en porcelaine de Saxe pâte gaufrée à vannerie, décorée de bouquets de fleurs en couleur ; revers du couvercle, avec sujet galant dans un parc. Monture en or ciselé.

95 — Boite, de forme oblongue, les extrémités arrondies, en or guilloché et émaillé, sur les côtés fond rouge, les deux faces avec sujet de chasses et paysages ; encadrement de petits émaux de couleurs sur fond assorti. Époque Louis XVI.

96 — Drageoir, de forme contournée, en or guilloché émaillé bleu. Commencement du XIXe siècle.

97 — Boite, de forme rectangulaire, à angles à double gorges, en porcelaine de Saxe, décor coréen et vue maritime au revers du couvercle. Monture en argent ciselé et doré.

98 — Boite rectangulaire en porcelaine de Saxe pâte gaufrée à vannerie, décor de bouquets de fleurs en couleur ; au revers du couvercle : Réunion familiale dans un parc. Monture en argent doré.

99 — Étui à ciseaux en émail bleu, avec réserves jaunes et blanches et les inscriptions : *Constant et Fidèle.* « Ne coupé pas le nœud de l'amitié ». Monture et ustensiles en or. Époque Louis XVI.

100 — Petite boite à parfum en or guilloché, forme de chauffrette, avec anse ; le dessus du couvercle en émail gris et treillis de losanges en jargon ; encadrement de petites pierres de couleurs. Commencement du XIXe siècle.

101 — Boite, de forme ovale et contournée, en porcelaine de Saxe, décorée sur toutes ses faces et au revers du couvercle de médaillons quadrilobés ornés de paysages maritimes ; encadrements de rinceaux dorés. Monture en argent doré.

102 — Boite, de forme ovale, à panse godronnée en forme de corbeille, décor sur fond rose de rinceaux de dorure alternant fond blanc ; dessus et revers du couvercle avec sujet de chasses à courre. Monture en or. Marque . *K. P. M.*

103 — Tabatière, de forme ovale et aplatie, à bouts coupés en ors de couleurs ciselés, rinceaux de feuillages et draperies sur fond amati. Commencement du XIXe siècle.

104 — Tabatière, en forme de porte-monnaie, en or ciselé et guilloché. Commencement du XIXe siècle.

105 — Petite boite, de forme rectangulaire, à pans coupés, en or émaillé bleu et filets blancs ; le couvercle à charnière est orné d'amours tenant des guirlandes de fleurs sur les nuages. Fin du XVIIIe siècle.

106 — Boite ovale en or émaillé bleu lavande ; le couvercle à charnière est orné d'une miniature ovale : Portrait de jeune femme. Fin du XVIIIe siècle.

107 — Boite ronde en or finement ciselé, fleurs et paysages, avec dessus et dessous en porcelaine de Saxe, décors de paysages maritimes et châteaux avec personnages.

108 — Tabatière à deux tabacs, forme tonnelet, en porcelaine de Saxe gaufrée à vannerie, les revers des couvercles décorés de sujets galants dans un parc. Monture en cuivre doré.

109 — Hanap en argent doré et émaillé, richement ornementé de motifs de filigrane, fleurs et feuillages détachés, d'émaux de couleurs, orné de perles cabochons. Style Renaissance.

110 — Crosse de procession en argent ciselé doré, ornée de pierres de couleurs. Style gothique.

111 — Poignard oriental, lame courbée, manche en jade gravé. Fourreau de velours rouge, garniture argent repoussé.

112 — Deux grands plats à bords contournés et filets en métal argenté du XVIIIe siècle.

113 — Statuette en cristal de roche fumé et sculpté : Chinoise assise sur un rocher.

114 — Pot couvert à anse en jade sculpté : feuillages et fleurs.

FAIENCES, PORCELAINES

115 — Neuf assiettes en faïence de Kutaïeh.

116 — Deux bouteilles en faïence de Kutaïeh.

117 — Cache-pot en faïence de Rouen.

118 — Deux assiettes en faïence de Rouen.

119 — Assiette en ancienne faïence de Rouen, décor à la corne : œillets, papillons et insectes.

120 — Paire de potiches en ancienne faïence de Delft, décor polychrome, montées en lampes.

121 — Garniture, composée d'un cornet et deux potiches couvertes, de forme octogonale et godronnée, en ancienne faïence de Delft, décor bleu à fleurs et feuillages.

122 — Paire de petites potiches couvertes en ancienne faïence de Delft, décor bleu : paysages en réserves.

123 — Plateau carré et lobé en porcelaine de Saxe.

124 — Tasse et sa soucoupe en porcelaine de Saxe, décor de fleurettes en relief.

125 — Tasse et sa soucoupe en faïence, décor à personnages.

126 — Cache-pot et son plateau en ancienne porcelaine de Paris, décor à semis de bleuets.

127 — Pendule avec son socle en porcelaine de Saxe, de forme contournée, décor de palmiers, rocailles, et surmonté de figures de jeune femme nue et amour; face et côtés ornés de sujets européens et orientaux à personnages. Socle décoré de bouquets de fleurs.

128 — Coupe en porcelaine de Saxe gaufrée, supportée par deux amours sur une terrasse avec fleurs en relief, décor en couleur.

129 — Groupe en porcelaine de Saxe : Indien et nègre sur un éléphant blanc, caparaçon rose à lambrequins à glands.

130 — Statuette en porcelaine de Saxe : Jeune femme en robe crinoline, à fleurettes en couleur, avec chiens carlins. Sur socle rectangulaire.

131 — Groupe en porcelaine de Saxe : Homme en habit rouge, et jeune femme en robe crinoline fond noir, à fleurettes en couleur.

132 — Paire de cache-pot en ancienne porcelaine tendre de Sèvres, décor à feuilles de choux, trophées d'attributs, bouquets et guirlandes de fleurs en couleurs; anses rocailles.

Haut., 18 cent.

133 — Grande tasse-trembleuse à deux anses et sa soucoupe en ancienne porcelaine, décor de fleurs en bleu.

134 — Grande jardinière, forme coquille, en porcelaine blanche de Capo-di-Monte, décorée en relief de nombreux coquillages et plantes marines.

135 — Statuette de divinité chinoise en ancien blanc de la Chine.

136 — Coupe à bord évasé en ancienne porcelaine de Chine, décor de bouquets de fleurs en émaux de couleur. Monture en bronze.

137 — Paire de vases, de forme hexagonale, en ancienne porcelaine de Chine bleue décor en dorure. Monture et bouquets porte-lumières en bronze doré. Style Louis XVI.

138 — Paire de figurines agenouillées et tenant une coupe en porcelaine de Chine, fonds roses et verts. Époque Kien-lung.

OBJETS DIVERS

SCULPTURES

139 — Petit cadre Louis XIII en bois sculpté doré.

140 — Sept bonnets ou coiffes anciennes en étoffe et broderies de métal argenté et doré.

141 — Tableau en mosaïque. Travail italien.

142 — Glace. Cadre en mosaïque.

143 — Petite lanterne en fer ajouré, forme tourelle.

144 — Petite lampe, un aspergeoir et une salière double en cuivre.

145 — Vase brûle-parfum en cuivre repoussé et couvercle ajouré. XVIIe siècle.

146 — Vase couvert oriental, de forme conique, en cuivre repoussé.

147 — Gargoulette en bois, monture en cuivre.

148 — Deux lampes, à base carrée, à palmettes, en cuivre.

149 — Quatre plateaux en cuivre ajouré ou gravé.

150 — Cafetière et théière avec son plateau en cuivre.

151 — Réveil.

152 — Deux vases en terre et un flacon en verre provenant de fouilles.

153 — Vase, forme tronc d'arbre, en pierre de lard sculptée.

154 — Paire de mouchettes avec plateau.

155 — Fragment de rampe en fer forgé. XVIIIe siècle.

156 — Croix en cuivre, avec inscription gravée et Christ peint.

157 — Miroir, de forme ovale, avec encadrement en bois sculpté, avec rocailles, feuillages, petite figure et animaux. XVIIIe siècle.

158 — Deux groupes en terre cuite, formés chacun de deux amours dansant.

159 — Groupe en terre cuite : Enfant et mouton.

160 — Deux statuettes : Paysan et paysanne, en terre cuite. XVIIIe siècle.

Haut., 90 cent. environ.

161 — Petite tête d'homme en terre cuite et un petit socle-fût en marbre de couleur.

162 — Fragment de statuette antique en marbre blanc. Socle en marbre noir.

163 — Deux têtes d'hommes sur piédouche en marbre sculpté.

164 — Buste du général Lamoricière en marbre sculpté.

165 — Statuette de Sainte femme en pierre sculptée. XVIe siècle.

166 — Tête d'enfant en pierre sculptée.

BRONZES, PENDULES

167 — Trois statuettes en biscuit et bronze : Jupiter, Vénus et l'Abondance. Socles en marbre.

168 — Coupe oblongue à anses en bronze patiné, décorée d'une ronde d'enfants.

169 — Pendule Empire en bronze et marbre : l'Amour et Psychée.

170 — Lustre en bronze. Commencement du XIXe siècle.

171 — Deux paires d'appliques à quatre lumières. De même époque.

172 — Paire de chenets en bronze, formés chacun d'une chimère.

173 — Paire de caisses-jardinières en marqueterie d'écaille rouge et cuivre, ornées de bronze doré.

174 — Deux statuettes d'enfants nus, drapés, en bronze et cuivre doré.

175 — Torchère en bronze doré, feuillages et rocailles, à sept lumières, reposant sur une base à trois pieds-griffes, avec groupe d'amours sur un dauphin en porcelaine bleu-turquoise.

176 — Paire d'appliques à deux lumières en bronze doré, formées de branchages. Époque Louis XV.

Haut., 40 cent.

177 — Éléphant en bronze patine brune, sur socle en marbre rose veiné.

178 — Paire d'appliques à trois lumières en bronze ciselé doré, motifs de rocailles et feuillages, le fond fait d'une glace de forme contournée, et ornées de perruche en céladon de Chine vert et aubergine, et de fleurettes décorées au naturel.

179 — Surtout de table en trois parties, à galerie ajourée et rinceaux en bronze ciselé doré.

180 — Pendule en bois noir et bronzes dorés.

MEUBLES, SIÈGES

181 — Cabinet à abattant, muni de tiroirs, en bois décoré au vernis en dorure, avec incrustations de marbre et nacre. Ancien travail espagnol.

182 — Baromètre-thermomètre à mercure en bois de placage, richement orné de bronzes ciselés dorés. Style Louis XV.

183 — Bureau bonheur-du-jour en acajou, portes à glace; dessus de marbre, galerie de cuivre. Époque Louis XVI.

184 — Desserte trépied, à deux plateaux ronds mobiles, en acajou; dessus de marbre blanc, galerie de cuivre. Époque Louis XVI.

185 — Desserte en acajou, à pieds cannelés, tablette inférieure ouvrant à un tiroir; dessus de marbre, galerie de cuivre. Époque Louis XVI.

186 — Bureau de dame, forme ovale, en marqueterie, avec cartonnier contenant une pendule. Style Louis XV.

187 — Petite commode, de forme mouvementée, en bois de rose, ouvrant à deux tiroirs; dessus de marbre. Époque Louis XV.

188 — Table de nuit en acajou, porte à lamettes; dessus de marbre. Époque Empire.

189 — Petite table en bois mouluré, peint. Époque Louis XV.

190 — Bureau dos d'âne en noyer. Époque Louis XV.

191 — Table de nuit en bois sculpté. Époque Louis XV.

192 — Guéridon en acajou à trépied; dessus de marbre, galerie de cuivre. Époque Louis XVI.

193 — Encoignure en bois, ouvrant à deux portes; dessus de marbre. Époque Louis XVI.

194 — Deux fauteuils, de style Régence, en bois sculpté, couverts en panne rouge.

195 — Quatre fauteuils en bois sculpté, peint blanc. Époque Louis XVI.

196 — Trois bois de fauteuils sculptés. XVIIIe siècle.

197 — Canapé canné en bois sculpté, de style Régence, coussin en soie bleue.

198 — Grand fauteuil en bois sculpté, de style Louis XIV, recouvert d'une ancienne tapisserie au point : personnages et animaux.

199 — Autre fauteuil en bois sculpté mouluré, recouvert en ancienne broderie au point de Hongrie.

200 — Petit modèle de chaise à dossier lyre en bois sculpté; siège paillé. Époque Louis XVI.

201 — Chevalet à tableau en chêne.

TAPISSERIE

ÉTOFFES ANCIENNES

TAPIS

202 — Suite de deux tapisseries des Flandres, du XVIIe siècle, sujets représentant une offrande à un jeune couple et un vieillard guérissant des paralytiques; le haut orné de guirlandes de fleurs et cartouche central.

Haut., 2 m. 65 cent.; larg., 2 m. 65 cent.
Haut., 2 m. 65 cent.; larg., 4 m. 20 cent.

203 — Chasuble en satin saumon brodé de métal, or et argent. Commencement du XVIIIe siècle.

204 — Voile de calice en soie rouge brodée d'or, à rinceaux et feuillages. XVIIe siècle.

205 — Chasuble avec accessoires en soie rouge brodée d'or fin, à fleurs, rinceaux de feuillages et oiseaux. XVIIe siècle.

206 — Voile persan brodé couleur marron.

207 — Voile de calice en soie blanche brodée en couleur, rinceaux et oiseaux.

208 — Galon cardinal, décor d'écusson, fleurs et oiseaux.

Long., 8 m. 70 cent.

209 — Galon cardinal, décor à écusson de cardinal en vert, rouge, jaune sur fond blanc.

Long., 14 mètres.

210 — Galon en velours de Gênes : feuillages et fleurs.

Long., 5 mètres.

211 — Deux galons en velours de Gênes : fleurs bleu clair.

Longueur ensemble, 5 mètres.

212 — Deux galons velours de Gênes : fleurs rouges enrubannées.

Long., 7 m. 40 cent.

213 — Deux galons velours de Gênes : entrelacs coupés.

Long., 5 m. 40 cent.

214 — Galon en velours de Gênes, à entrelacs, avec étoiles en couleur.

Environ 41 mètres.

215 — Bandes en velours rouge brodé de métal doré. Renaissance.

Long., 14 m. 50 cent. environ.

216 — Franges Renaissance or et soie rouge.

Long., 6 mètres environ.

217 — Deux panneaux de soie marron tissée de fleurs bleues; encadrement de galon de soie.

218 — Panneaux de soie vieux rose tissée d'œillets et fleurettes bleues.

219 — Selle espagnole, en deux morceaux, en velours rouge et application de broderies jaunes.

220 — Dessus de lit en damas rouge, à personnages et franges.

221 — Ombrelle en damas vert.

222 — Environ quarante et un mètres de damas vert.

223 — Petit tapis en velours persan.

224 — Coupon de velours rouge uni.

Long., 4 mètres.

225 — Environ quarante mètres de damas rouge.

226 — Dessus de lit en damas vert et frange.

227 — Petit panneau en broderie de soie espagnole et à fragments soie à personnages.

228 — Dessus de lit en brocatelle jaune.

229 — Tapis de table en brocart rouge et or; encadrement de galon d'or.

230 — Couvre-lit en filet.

231 — Tapis de table Louis XV en soie blanche brodée de fleurs en couleurs; encadrement de galon d'or.

232 — Tapis de table Louis XV en soie fond crème, bandes de bouquets de fleurs en couleur; encadrement à dentelle en argent.

233 — Lot de brocatelle à sujets religieux.

234 — Tapis de table en damas rouge, encadré de velours vert.

235 — Tapis de table, brocart, fond jaune, décor de fleurs en couleur; encadrement de petit galon d'or. XVIIIe siècle.

236 — Grand panneau en damas vieil or. XVIIIe siècle.

237 — Tapis de table, à petits dessins, en velours violet sur fond or.

238 — Baldaquin, encadrement de lit à glands d'or, avec dessus de lit en soie blanche, à décor de feuillages et fleurs, tissés en métal argenté et soies de couleurs. XVIIIe siècle.

239 — Petit tapis de table en damas vert.

240 — Panneau étroit en brocatelle, décor jaune sur fond rouge.

241 — Bordure en velours rouge, à rinceaux de feuillages et fleurs sur fond or.

242 — Tapis de table vénitien en brocart fond saumon, à fleurs ; encadrement galon d'or.

243 — Tapis de table Louis XV en brocart fond blanc, à fleurettes cramoisies.

244 — Panneau en velours rouge de Gênes, vase de fleurs sur fond de soie crème ; encadrement de galons soies de couleur à entrelacs.

245 — Tapis de table vénitien en brocart fond bleu ; encadrement de galon d'or.

246 — Panneau en soie ancienne, en soie blanche brochée à fleurs et rayures roses. XVIIIe siècle.

247 — Grand encadrement de fenêtre, fait d'ancienne et large bordure d'Aubusson à feuillages et fruits ; encadrement de velours vert.

248 — Six panneaux de velours rouge, dont quatre avec applications de broderies feuillages et fleurs en soies de couleurs, franges de couleurs.

249 — Lot d'embrasses en soies et laines de couleurs et galons soie grise.

250 — Large et grand bandeau en velours rouge et applications de broderie de soies de couleurs et métal doré, médaillon central : Vierge et Apôtre, sur fond de rectangles à fleurons; encadrement de frange. Travail portugais, XVIIe siècle.

251 — Grand bandeau étroit en velours rouge et applications de broderies de soies de couleurs et métal à rinceaux. Travail portugais, XVIIe siècle.

252 — Tapis de Karamanie.

www.ingramcontent.com/pod-product-compliance
Ingram Content Group UK Ltd.
Pitfield, Milton Keynes, MK11 3LW, UK
UKHW021117290826
14628UKWH00014B/2600

9 782329 611549